JOSEPH PRINCE

DIE BENJAMIN GENERATION

Aus dem Englischen von
Mirjam Mutschler

Die englische Originalausgabe erschien im Verlag 22 Media Pte. Ltd. unter dem Titel *The Benjamin Generation*. Copyright © 2006 by Joseph Prince. Published by arrangement with 22 Media Pte. Ltd., www.josephprince.com.

Die Deutsche Nationalbibliothek verzeichnet diese Publikation in der Deutschen Nationalbibliografie; detaillierte bibliografische Daten sind im Internet über http://dnb.d-nb.de abrufbar.

Umschlaggestaltung und Abbildungen: © 22 Media Pte. Ltd.
Adaption der Originalausgabe: spoon design, Olaf Johannson
Lektorat: Thilo Niepel, Sonja Yeo
Satz: Grace today Verlag, Gerald Wieser
Druck: CPI – Clausen & Bosse, Leck
Printed in Germany

3. Auflage 2018

© 2015 Grace today Verlag, Schotten
Taschenbuch: ISBN 978-3-943597-87-5, Bestellnummer 371787
E-Book: ISBN 978-3-943597-88-2, Bestellnummer 371788

www.gracetoday.de

INHALT

KAPITEL 1

DIE ENDZEITLICHE GENERATION DER GNADE

Die letzte Generation

Wir leben in prophetischen Zeiten. In Zeiten wie diesen offenbart Gott prophetische Wahrheiten, die seine Gemeinde überaus segnen werden. Verstehst du, prophetische Lehre hat die Fähigkeit, etwas, das vor Hunderten oder sogar Tausenden von Jahren gesprochen wurde, ins »Hier und Jetzt« zu holen. Was damals ausgesprochen wurde, wird für uns in der Gegenwart relevant.

Eine entscheidende prophetische Wahrheit, von der ich glaube, dass Gott sie uns bekannt machen will, ist diese: Die letzte Generation, bevor Jesus wiederkommt, um sein Volk zu holen, wird als Benjamin-Generation bekannt werden. Der Herr sprach nämlich zu mir und sagte Folgendes: »Die Benjamin-Generation ist da.«

---

*Die Benjamin-Generation zeichnet
sich nicht durch das Gericht Gottes aus,
sondern durch seine Gnade.*

Ich habe schon von der Josua-Generation gehört, aber eine Benjamin-Generation kannte ich noch nicht. Als Gott das dann sagte, erinnerte ich mich sofort daran, dass Benjamin der letzte Sohn Jakobs war. Ich erkannte auf einmal, was der Herr sagte – die Benjamin-Generation wird die letzte Generation sein, bevor Jesus wiederkommt!

Eine Generation der Gnade

Als ich diese Offenbarung erhielt, begann ich das Leben von Benjamin zu studieren und stellte fest, dass die Benjamin-Generation eine Generation der Gnade ist. Gott möchte, dass sein Volk weiß: Die

Gemeinde in der Endzeit ist die Benjamin-Generation. Und die Benjamin-Generation zeichnet sich nicht durch das Gericht Gottes aus, sondern durch seine Gnade.

Gnade ist absolut unverdiente Gunst. In dieser letzten Zeit möchte Gott seinem Volk deutlich machen, dass seine Segnungen allein durch seine Gnade kommen.

Du wirst feststellen, dass Benjamins Leben voll von unverdienter Gunst und Segen war. Als Josef und Benjamin wieder vereint waren, waren die ersten Worte, die Josef an Benjamin richtete, Worte der Gnade. Als Josef seinen jüngsten Bruder sah, sagte er: »Gott überschütte dich mit seiner Gnade, mein Sohn« (1Mo 43,29 NLB).

Ein weiteres bedeutungsvolles Merkmal Benjamins ist die Zahl Fünf, die überall in seinem Leben auftaucht. Die Zahl Fünf spricht von Gottes überfließender Versorgung durch seine Gnade. Obwohl alle Brüder an Josefs Tisch aßen, heißt es in der Bibel: »Das Ehrengericht Benjamins aber war fünfmal größer« (1Mo 43,34 ELB). Etwas später in 1. Mose 45,22 wird wieder Bezug auf diese Zahl genommen – »aber Benjamin gab er [Josef] ... fünf Feierkleider« (LUT).

Überall, wo die Zahl Fünf in der Bibel auftaucht, wird die Gnade Gottes sichtbar. Die Kinder Israels brachten fünf Opfer dar (3Mo 1–7). David nahm fünf glatte Steine für den Kampf gegen Goliat mit (1Sam 17,40). Und Jesus vermehrte fünf Brote und machte damit 5000 Menschen satt (Mk 6,37–44).

Wir sehen also: Benjamin symbolisiert die Gnade Gottes. Gleichermaßen ist die letzte Generation, bevor Jesus zurückkehrt, eine Generation der Gnade. Und wenn Gnade die unverdiente Gunst Gottes ist, dann sind wir die Generation, die seine unverdiente Gunst – seine Gnade – erfährt.

Selbst die Art und Weise, in der Benjamin seinen Namen erhielt, zeigt uns ein Bild der Gnade Gottes. Als er geboren wurde, nannte seine Mutter Rahel ihn Ben-Oni. Das bedeutet »Sohn meines Schmerzes«. Aber sein Vater Jakob schritt ein und änderte seinen Namen in Benjamin, was »Sohn meiner rechten Hand« bedeutet (1Mo 35,18). Wir wissen, dass die rechte Hand die Hand der Gunst ist, die Hand, die Gottes Hilfe bringt. Der Psalmist verkündete: »Deine Rechte hält mich aufrecht« (Ps 63,9).

Ist das nicht wunderschön? Als wir geboren wurden, war es unsere Bestimmung, Ben-Onis zu sein, Söhne des Schmerzes. Doch aufgrund dessen, was

Jesus am Kreuz tat, sind wir nun Benjamins, Söhne seiner rechten Hand. Jesus nahm unseren Platz am Kreuz ein, denn Jesaja 53,3 sagt uns, dass er ein »Mann der Schmerzen« wurde. Das tat er, damit wir Söhne seiner rechten Hand werden könnten, die versetzt sind an den Ort der Gunst. Epheser 2,6 erklärt, dass Gott »uns mitauferweckt und mitversetzt [hat] in die himmlischen [Regionen] in Christus Jesus«. Genau das kennzeichnet uns (die endzeitliche Gemeinde) als die Benjamin-Generation.

Finsternis in der Welt, Herrlichkeit in der Gemeinde

Einige Menschen sind überrascht, wenn sie hören, dass Gott die endzeitliche Gemeinde mit seiner unverdienten Gunst segnen wird. Mein Freund, bist du auch überrascht? Einige Menschen sind so sehr daran gewöhnt, schwarzmalerische Predigten über die Endzeit zu hören. Sie hören die Prediger sagen, dass in der Endzeit Finsternis über uns alle kommen wird.

Ich hörte vor vielen Jahren sogar eine »Prophetie«, dass Singapur in die Hände einer fremden

Macht fallen und Teile Australiens buchstäblich ins Meer rutschen würden. Ich stand auf gegen diese »Prophetie«, da manche Leute diese schlechten Nachrichten kopierten, sie verteilten und als »Prophetie« bezeichneten. Glaube nicht vorschnell dieser Art von Prophetien, die im Volk Gottes Angst verursachen. Gott gibt Prophetien nicht, um sein Volk zu verängstigen.

Stattdessen sagte der Apostel Paulus: »Wer dagegen prophetisch redet, der hilft anderen, im Glauben an den Herrn zu wachsen, und er ermutigt und tröstet sie« (1Kor 14,3 NLB). Entspricht es nicht vielmehr Gottes Wesen, dass er Prophetien gebraucht, um sein Volk zu erbauen, zu ermutigen und zu trösten, anstatt es in Angst und Schrecken zu versetzen? Was diese »Prophetien« betrifft – mittlerweile sind viele Jahre ins Land gezogen, und keine davon hat sich erfüllt.

Wenn du zu denen gehörst, die wegen dieser schwarzmalerischen Prophetien von Furcht geplagt wurden, dann habe ich gute Nachrichten, mein Freund. Es ist wahr, dass Jesaja 60,2 (ELB) erklärt: »Denn siehe, Finsternis bedeckt die Erde und Dunkel die Völkerschaften«, aber da ist noch nicht Schluss. Im zweiten Teil dieses Verses steht: »... aber über dir strahlt der HERR auf, und seine Herrlichkeit erscheint über dir.«

Glaube nicht vorschnell Prophetien, die im Volk Gottes Angst verursachen.

Obwohl Finsternis also die Menschen in der Welt bedecken wird, wird der Herr über uns, seinem Volk, aufstrahlen. Er wird uns mit seiner Herrlichkeit überschütten.

Schutz und Versorgung für die Benjamin-Generation

Es ist offensichtlich, dass die Welt immer finsterer wird. Doch sei ermutigt: Du bist nicht von dieser Welt. Du bist ein Kind Gottes. Wenn der Teufel die Welt mit Terrorismus, Erdbeben, Tsunamis, neuen Krankheitserregern und allen Arten von bösen Dingen dunkel macht, sagt uns das Wort Gottes, dass wir uns bereit machen sollen, weil unser Licht zum Vorschein kommen wird.

Mit anderen Worten heißt das: Während die Welt finsterer wird, wird die Gemeinde immer mehr gesegnet werden. Die Bibel sagt, dass der Weg der Gerechten wie der erste Sonnenstrahl am Morgen ist, der immer heller leuchtet, bis das volle Licht des Tages erstrahlt, wenn Christus wiederkehrt (Spr 4,18). Und in Christus Jesus sind wir die Gerechtigkeit Gottes, also wird unser Weg immer heller!

Wir können uns auf ausschließlich zunehmendes Licht freuen. Als Benjamin-Generation haben wir nur Gutes vor uns. Und wer das glaubt, der wird es erleben … sogar mitten in der Finsternis.

Ich habe einen Studenten aus Sri Lanka in meiner Gemeinde, dessen Vater während einem unserer Gottesdienste im Juni 2004 von neuem geboren wurde. Kurz darauf übergab seine Mutter ihr Leben Jesus. Sie leben in Colombo, der Hauptstadt Sri Lankas, die sehr nahe am Meer gelegen ist. Sie wurden verschont, als am 26. Dezember 2004 der Tsunami an ihre Küste krachte, weil die ganze Familie zu Besuch bei einer Tante war, die weiter im Landesinneren lebte.

Nachdem die mörderische Welle zurückgeflossen war, machten sich seine Verwandten auf den Weg nach Hause, um herauszufinden, welchen Schaden der Tsunami angerichtet hatte. Sie stellten fest, dass der Tsunami nur drei Häuser vor ihrem Haus zum Stillstand gekommen war! Gott hatte nicht nur sie beschützt, er hatte auch all ihren Besitz bewahrt! Ist Gott nicht gut? Der Teufel wollte, dass die Familie aus Ben-Onis besteht – Söhnen des Schmerzes –, aber Jesus schritt ein für seine Benjamins – Söhne seiner gunstvollen rechten Hand.

Je mehr deine Augen dafür geöffnet sind, Jesus im Alten Testament in seiner Herrlichkeit zu sehen, umso mehr wirst du das Neue Testament verstehen.

Wir sind die Benjamin-Generation. Wie die srilankische Familie dürfen wir davon ausgehen, in dieser letzten Zeit beschützt, bewahrt und mit Erfolg gesegnet zu werden … und das alles wegen Gottes absolut unverdienter Gunst!

Wie können wir das Leben Benjamins geistlich übertragen?

Vielleicht sagen Einige: »Pastor Prince, das hört sich alles ganz nett an, aber was gibt Ihnen das Recht, das Leben von Benjamin geistlich zu übertragen und zu sagen, es sei ein Bild für die Gemeinde in der Endzeit?« Nun, wir müssen verstehen, dass das Neue (Testament) im Alten verborgen ist und das Alte (Testament) im Neuen offenbar wird.

Lass mich das erklären. Das Alte Testament ist voller versteckter Bilder von Jesus sowie Wahrheiten über den neuen Bund. Der König der Herrlichkeit wird im Alten Testament in Typologien, Symbolen und »Schattenbildern« sichtbar. Je mehr deine Augen dafür geöffnet sind, Jesus auch im Alten Testament in seiner Herrlichkeit zu sehen, umso mehr wirst du das Neue Testament verstehen.

Paulus verwendete alttestamentliche Typologien, um neutestamentliche Wahrheiten zu lehren

Lass mich das dadurch verdeutlichen, wie der Apostel Paulus alttestamentliche Typologien verwendete, um neutestamentliche Wahrheiten zu lehren:

Sagt mir, die ihr unter dem Gesetz sein wollt: Hört ihr das Gesetz nicht? Es steht doch geschrieben, daß Abraham zwei Söhne hatte, einen von der [leibeigenen] Magd, den anderen von der Freien. Der von der Magd war gemäß dem Fleisch geboren, der von der Freien aber kraft der Verheißung. Das hat einen bildlichen Sinn: Dies sind nämlich die zwei Bündnisse; das eine vom Berg Sinai, das zur Knechtschaft gebiert, das ist Hagar. Denn »Hagar« bedeutet den Berg Sinai in Arabien und entspricht dem jetzigen Jerusalem, und es ist in Knechtschaft samt seinen Kindern. Das obere Jerusalem aber ist frei, und dieses ist die Mutter von uns allen. Denn es steht geschrieben: »Freue dich, du Unfruchtbare, die du nicht gebierst; brich in Jubel aus und jauchze, die du nicht in Wehen liegst, denn die Vereinsamte hat mehr Kinder als die,

*welche den Mann hat«. Wir aber, Brüder, sind
nach der Weise des Isaak Kinder der Verheißung. Doch gleichwie damals der gemäß dem
Fleisch Geborene den gemäß dem Geist [Ge-
borenen] verfolgte, so auch jetzt. Was aber sagt
die Schrift? »Treibe die Magd hinaus und ihren
Sohn! Denn der Sohn der Magd soll nicht erben
mit dem Sohn der Freien«. So sind wir also,
Brüder, nicht Kinder der [leibeigenen] Magd,
sondern der Freien. – Galater 4,21–31*

Hier sagte Paulus, dass diese zwei Frauen zwei
Berge symbolisieren, welche für die zwei Bundes-
schlüsse stehen. Hagar steht für den alten Bund,
der das Gesetz oder die Zehn Gebote ist. Und Sarah
steht für den neuen Bund, der die Gnade ist.

Das Gesetz kommt nun vom Berg Sinai. Was
bringen das Gesetz oder die Zehn Gebote laut Paulus hervor? Freiheit? Nein. Er sagt, dass das Gesetz
Knechtschaft hervorbringt! Auf der anderen Seite
kommt die Gnade vom himmlischen Jerusalem und
bringt Freiheit hervor.

Es war nicht Abraham, sondern Sarah, die keine Kinder bekommen konnte. Und beide versuch-
ten, Gott bei der Einhaltung seiner Verheißung, ih-

nen einen Sohn zu schenken, zu helfen. Als Sarah Abraham ihre Magd Hagar gab, wurde Ismael geboren. Hagar, die für das Gesetz steht, brachte Ismael hervor, der »gemäß dem Fleisch geboren« war (Gal 4,23).

Wenn du die Verheißungen Gottes erben möchtest, dann verlasse dich nicht auf deine menschliche Leistung. Schaue stattdessen auf Gottes Verheißungen.

Kannst du aus diesem Abschnitt erkennen, wofür das Fleisch steht? Das Fleisch steht für eigene Bemühung oder menschliche Kraft. Ismael wurde gemäß dem Fleisch geboren. Mit anderen Worten heißt das, er wurde aus menschlicher Bemühung heraus geboren. Beachte nun, was Paulus über menschliche Bemühungen sagt: »... die im Fleisch sind, können Gott nicht gefallen« (Röm 8,8). Paulus meint damit, dass es Gott nicht gefällt, wenn wir uns auf unsere menschliche Kraft verlassen.

Auf der anderen Seite gebar Sarah Isaak nicht durch das Fleisch, also nicht durch menschliches

Bemühen, sondern durch den Geist. Zu diesem Zeitpunkt war Abraham schon sehr alt und sein Körper war so gut wie tot. Und Sarah, die unfruchtbar war, war doppelt unfruchtbar geworden. Egal wie sehr sie sich auch bemüht hätten, keine Anstrengung hätte Abraham und Sarah ein Kind bringen können. Und genau in diesem Moment, als keine eigene Bemühung oder menschliche Kraft zum Erfolg hätte führen können, wurde Isaak geboren. Er wurde durch den Geist geboren, durch Gottes Zusage. Es gefällt Gott, wenn wir uns auf seine Zusagen und Versprechen verlassen.

Wenn du die Verheißungen Gottes erben möchtest, dann experimentiere nicht mit dem Gesetz und verlasse dich nicht auf deine menschliche Leistung. Schaue stattdessen auf Gottes Verheißungen. Unter Gnade kann sich die Unfruchtbare freuen, denn die Einsame wird viel mehr Kinder haben, als die, die einen Mann hat (Gal 4,27).

Genau deshalb schlussfolgerte Paulus in Galater 4,30, dass wir die Magd hinauswerfen müssen. Was meint er damit? Er fordert uns auf, das Gesetz zu beseitigen. Experimentiere nicht mit dem Gesetz. Höre nicht auf die Leute, die das Gesetz predigen. Das Gesetz bringt Tod. Als das Gesetz zuerst gegeben wurde, starben 3000 Menschen (2Mo 32,28). Doch der Geist macht lebendig. Als Gott an Pfingsten seinen Geist ausgoss, wurden 3000 Menschen von neuem geboren (Apg 2,41)!

Da Paulus uns zeigt, inwiefern Sarah und Hagar die zwei Bündnisse repräsentieren, schafft er einen Präzedenzfall für den Gebrauch von Typologien und Symbolen. Auf die gleiche Weise zeigt uns Gott, dass Benjamin ein Symbol oder Typus für die endzeitliche Gemeinde ist. Und ich glaube, er tat das, weil er uns wissen lassen will, dass er eine Generation der Gnade aufrichtet, bevor Jesus wiederkommt, eine Generation, die seine unverdiente Gunst kennt. Und das alles ist möglich, weil Jesus zum Sohn der Schmerzen wurde, damit wir Söhne der rechten Hand Gottes sein können, Söhne seiner Gunst.

KAPITEL 2

WARUM GNADE?

Gott will, dass wir gesegnet sind

Wir wissen jetzt, dass die Benjamin-Generation die Generation der Endzeit ist. Und wir haben auch festgestellt, dass Benjamin ein Sinnbild für Gnade ist. Aber warum will Gott in dieser letzten Zeit eine Generation der Gnade?

Ich glaube es liegt daran, dass Gott den ersten Bund des Gesetzes für mangelhaft befand. Das ist der Grund, warum Jesus kam, um einen neuen Bund der Gnade aufzurichten. Paulus sagte: »Hätte der erste Bund keine Mängel gehabt, wäre es nicht nötig gewesen, ihn durch einen zweiten zu ersetzen. Aber Gott tadelte sein Volk und sagte: ›Es wird ein Tag kommen, spricht der Herr, an dem ich einen neuen Bund mit dem Volk Israel und mit dem Volk Juda schließen werde. Dieser Bund wird nicht so sein wie der, den ich mit ihren Vorfahren schloss …«« (Hebr 8,7–9 NLB).

Bist du nicht froh, dass Gott den alten Bund für mangelhaft befand? Unter dem alten Bund wirst du nur gesegnet, wenn du gehorsam bist. Und wenn du nur ein Gebot nicht richtig befolgst, bist du schuldig, alle Gebote gebrochen zu haben! Jakobus drückte es so aus: »Denn wenn jemand das ganze Gesetz hält und sündigt gegen ein einziges Gebot, der ist am ganzen Gesetz schuldig« (Jak 2,10 LUT).

Gott betrachtete ihn als mangelhaft, weil – wir wissen es alle – es unter diesem Bund nicht möglich ist, dass auch nur einer gesegnet wird. Paulus verdeutlichte auch, dass das alte Gesetz nicht funktioniert: »Wenn Gott von einem neuen Bund spricht, bedeutet dies, dass er den ersten für veraltet erklärt. Der alte Bund ist damit überholt, und sein Ende steht bevor« (Hebr 8,13 NLB).

Weil der alte Bund überholt ist, gilt er, Gott sei Dank, für uns heute nicht mehr. Er ist veraltet und nicht mehr aktuell! Wenn du dich also immer noch anstrengst, den alten Bund einzuhalten, verpasst du Gottes Segen, weil Gott uns einen neuen Bund gegeben hat. Wenn du in dieser letzten Zeit darauf bestehst, am alten Bund festzuhalten, verpasst du Gottes Segen.

Gott sagt, dass der neue Bund nicht so sein wird wie der alte. In welcher Hinsicht ist er nicht so wie der alte? Nun, unter dem alten Bund wurde man gesegnet, wenn man die Gesetze einhielt. Und man musste alle Gesetze einhalten, um gesegnet zu werden. Manche Leute versuchen, mir den alten Bund auf folgende Weise zu erklären: »Pastor Prince, Gott will einfach, dass wir unser Bestes geben, das vom Gesetz einzuhalten, was uns möglich ist.« Mein Freund, wenn du das glaubst, dann verstehst du die Heiligkeit Gottes nicht.

Wenn du unter dem alten Bund oder dem Bund des Gesetzes sein willst, musst du *alle* Gesetze einhalten. Du kannst dir nicht einfach das aussuchen, was du willst. Du kannst nicht sagen: »Dieses Gesetz ist kein Problem für mich, es ist leicht, ich kann es einhalten. Aber das da ist ziemlich schwer; ich denke, Gott wird es verstehen, wenn ich das nicht einhalte.«

In 3. Mose 19,37 sagte Gott: »Darum sollt ihr *alle* meine Satzungen und *alle* meine Rechte halten und tun! Ich bin der Herr.« Wenn Gott *alle* sagt, meint er *alle*! Man kann sich nicht einfach aussuchen, welche Gesetze man befolgen möchte.

Wenn du versuchst, das Gesetz zu erfüllen, um gesegnet zu werden, wirst du ermüden, weil du auf deine eigenen Anstrengungen angewiesen bist.

Verstehst du nun, warum Gott den alten Bund für mangelhaft befand? Es ist für uns völlig unmöglich, gesegnet zu werden, wenn wir unter diesem Bund sind. Deshalb führte Jesus den neuen Bund ein. Übrigens, man darf diese zwei Bündnisse nicht vermischen. Du musst dich zwischen den beiden entscheiden. Du bist entweder unter dem einen oder unter dem anderen.

Dieser *neue* Bund ist nicht so wie der *alte* Bund. Unter dem alten Bund wirst du nur gesegnet, wenn du gehorsam bist. Aber unter dem neuen Bund werden du und ich aufgrund Jesu Gehorsam am Kreuz gesegnet. Und sein Gehorsam war vollkommen. Deshalb kann Gott die Fülle seiner Segnungen über uns ausgießen.

Und wir haben
gesehen und bezeugen,
dass der Vater
den Sohn gesandt hat
als Retter der Welt.

1. Johannes 4,14

Bist du nicht froh, dass er den neuen Bund aufgerichtet hat? Ist Gott nicht gut? Er will, dass eine Generation der Gnade hervorkommt, denn nur durch den Bund der Gnade kann er seine Segnungen auf uns, die Benjamin-Endzeit-Generation, ausgießen.

Gnade bringt Segnungen, das Gesetz macht blind

Das Leben von Benjamins Mutter Rahel ist ein Bild dafür, wie wir, die Benjamin-Generation, Gottes Segnungen durch seine unverdiente Gunst erfahren werden. Rahel symbolisiert den Bund der Gnade. Lea, Rahels Schwester und Benjamins Stiefmutter, symbolisiert den Bund des Gesetzes.

Lea (oder hebräisch: *Le'ah*) bedeutet »erschöpft«. Mit anderen Worten: Das Gesetz erschöpft dich. Du wirst es niemals schaffen, wenn du versuchst, deine Segnungen durch das Gesetz zu erhalten. Wenn du versuchst, das Gesetz zu erfüllen um gesegnet zu werden, wirst du ermüden, weil du auf deine eigenen Anstrengungen angewiesen bist.

Im Gegensatz dazu bedeutet Rahel »Mutterschaf« oder »weibliches Schaf«. Ihr Name ist ein Bild für Gnade. Es ist ein Bild dafür, wie wir Gunst bei Gott gefunden haben, weil Jesus, das Opferlamm Gottes, unseren Platz am Kreuz einnahm. An diesem Kreuz nahm Jesus den kompletten Zorn Gottes für uns auf sich. Er nahm unsere Schläge auf sich, damit wir seine Segnungen empfangen können.

Heute dürfen wir Gottes Segnungen nicht wegen etwas erwarten, das *wir* getan oder nicht getan haben; wir dürfen mit seinen Segnungen rechnen aufgrund dessen, was *er* getan hat. Das, mein Freund, ist Gnade.

Das Gegenteil trifft zu, wenn du dich unter das Gesetz stellst. Sieh dir das Leben Jakobs an. Er hatte zwei Frauen in seinem Leben – Rahel und Lea. Er liebte Rahel, aber er wurde von seinem Schwiegervater Laban hereingelegt, sodass er Lea heiratete.

Wie konnte das passieren? Wie kam es, dass er die falsche Frau heiratete? Jakob hatte einfach nicht den Schleier der Braut gelüftet! Er hatte es eilig! Am nächsten Morgen, als er neben Lea aufwachte, schrie er wahrscheinlich: »Aaaah!« Lea ohne Make-up zu sehen war schon nicht sehr hübsch, aber Lea ohne Make-up als erstes am Morgen zu sehen war noch viel schlimmer! Kein Wunder, dass es bei Hochzeiten üblich ist, der Braut den Schleier abzunehmen! Damit geht der Bräutigam sicher, dass er das richtige Mädchen heiratet, stimmt's?

Hör auf mit dem Versuch, das Gesetz zu
befolgen, um gesegnet zu werden.

Aber es gibt hier eine tiefere Bedeutung. Wofür steht der Schleier? Der Schleier ist ein Bild für das Gesetz. Die Bibel erklärt in 2. Korinther 3,14 (NGÜ): »Doch die Gedanken der Menschen wurden verfinstert, und bis auf den heutigen Tag liegt ein Schleier über ihrem Denken. Wenn das Gesetz des alten Bundes vorgelesen wird, erkennen sie die Wahrheit nicht. Dieser Schleier kann nur durch den Glauben an Christus aufgehoben werden.«

Kannst du erkennen, wie Jakob von Laban der Liebe seines Lebens beraubt worden war? Jakob nahm seiner Braut den Schleier nicht ab, also war er wie blind. Daran sehen wir, dass das Gesetz uns blind macht. Es enteignet uns. Es beraubt uns der Segnungen Gottes. Was ist die Lösung? Entferne den Schleier! Schaue nicht länger auf das Gesetz, um gerechtfertigt zu werden. Hör auf mit dem Versuch, das Gesetz zu befolgen, um gesegnet zu werden.

Gott liebt Gnade

Rahels Leben lehrt uns noch etwas anderes – es ist ein Bild dafür, dass Gott Gnade liebt, nicht das Gesetz. Verstehst du, Lea wurde zuerst geboren, also kam Rahel nach Lea. Auf dieselbe Weise kam Gnade nach dem Gesetz.

Nur weil Jakob zwei Frauen heiratete, sage jetzt bitte nicht, ich würde gutheißen, dass Männer zwei Frauen haben! Ich sage dir, dass du in Schwierigkeiten steckst, wenn du zwei Frauen in deinem Leben hast! Bitte nimm dir keine zwei Frauen. In der Vergangenheit hat Gott dies erlaubt. Aber in diesem Fall verweist Gott darauf, dass diese zwei Frauen für zwei verschiedene Dinge stehen – das Gesetz und die Gnade.

Vielleicht fragen einige von euch: »Liebt Gott das Gesetz oder die Gnade?« Nun ja, wenn du die Antwort wissen willst, sieh dir einfach das Leben dieser zwei Frauen an. Jakob liebte Rahel, nicht Lea. Gleichermaßen liebt Gott die Gnade, nicht das Gesetz. Denke daran, dass die Bibel sagt, Lea wäre nicht hübsch gewesen, aber Rahel schon. Rahel war wunderschön. Versteh mich jetzt nicht falsch. Gott sagt nicht, dass er hässliche Menschen nicht mag. Überhaupt nicht! Er zeigt uns einfach, dass die Herrlichkeit der Gnade die des Gesetzes übersteigt (2Kor 3,7–11).

Ich weiß, dass das Gesetz heilig ist, aber ich weiß auch, dass die Gnade wunderschön ist. Gott liebt nicht das Gesetz, er liebt die Gnade. Und obwohl er Gerechtigkeit vollziehen muss, obwohl er das Gesetz vollstrecken muss, liebt Gott vor allen Dingen Gnade und Barmherzigkeit. Deshalb entfernte er den Bund des Gesetzes und sandte seinen Sohn, damit er unsere Strafe auf sich nähme. Gott tat das, damit wir seine Gnade erfahren können, seine unverdiente Gunst.

Gott ist auf wundersame Kehrtwendungen spezialisiert

Gottes Gnade gilt für unser heutiges Leben. Wenn du es brauchst, dass Gott genau jetzt in dein Leben eingreift, kann er es tun! Sieh dir an, was er mit Benjamin tat. In 1. Mose 45 sehen wir, dass Gott durch seine Gnade jeden negativen Umstand im Leben Benjamins und seiner Familie umkehrte. Genauso kann er auch übernatürliche Kehrtwendungen in unserem Leben bewirken. Wenn du krank oder verschuldet bist, wenn du einen rebellierenden Sohn oder eine launische Tochter hast – wie auch immer deine Situation aussieht, sorge dich nicht darum. Gott hat sich auf wundersame Kehrtwendungen spezialisiert.

Josefs Brüder warfen ihn in eine Grube und später landete er im Gefängnis für ein Verbrechen, das er nicht begangen hatte. Wenn irgendjemand guten Grund hatte, in Sorge zu sein, dann war es Josef. Aber Gott wendete alle diese Ereignisse zu Josefs Gunst. Josef wanderte in die Grube und dann ins Gefängnis, aber Gottes Gnade gab ihm einen Platz im Palast!

Nachdem seine Brüder Josef verkauft hatten, fingen sie an zu bedauern, was sie getan hatten. Sie fühlten sich immer schuldiger. Während der Hungersnot gingen sie nach Ägypten, um Essen zu besorgen. Dort begegneten sie ihrem lange verlorenen Bruder Josef von Angesicht zu Angesicht. Aber sie erkannten ihn nicht. Immerhin waren 20 Jahre vergangen!

Josef teilte ihnen später mit, dass Simeon bei ihm bleiben sollte, während der Rest der Brüder nach Hause zurückkehrte, um Benjamin zu holen. Als das geschah, dachten Josefs Brüder, dass ihre Sünde sie jetzt eingeholt hatte. Sie wussten nicht mehr weiter, weil ihnen klar war, dass es ihrem Vater große Qual bereiten würde. Aber durch seine Gnade machte Gott sogar aus ihrem Fehler etwas Gutes.

Versteh mich nicht falsch. Ich sage nicht, dass es in Ordnung ist, auf seine Brüder eifersüchtig zu sein und sie zu hintergehen. Nein, was ich meine ist, dass Gott das Böse der Menschen außer Kraft setzen und stattdessen in jegliche Situation seine eigenen Absichten und Pläne hineinbringen kann. Obwohl Josefs Brüder es böse mit ihm meinten, kehrte Gott es in etwas Gutes um (1Mo 50,20). Als sie Josef in die Sklaverei verkauften, schenkten sie ihm eigentlich eine kostenlose Reise in das Land, von dem aus er sie später alle vor der Hungersnot retten würde.

Bitte mache Josefs Geschichte jetzt nicht bis ins kleinste Detail nach. Bitte gehe nicht los und sage: »Also, ich werde jetzt jemandem etwas Schlimmes antun, damit Gott es in etwas Gutes umkehren kann.« So funktioniert das nicht bei Gott. Es ist vielmehr so, dass Menschen verletzt werden können, wenn wir in Sünde fallen, wenn wir Fehler machen. Aber Gott kann durch seine Gnade sogar all diese Fehler überschreiben. Ist das nicht wunderschön? Er bringt das *Amazing* wirklich zurück zur *Grace*.

Höre dir Josefs Worte an seine Brüder an. Seine Worte waren wie Musik in ihren Ohren.

> *Aber macht euch deswegen keine Vorwürfe.*
> *Gott selbst hat mich vor euch her geschickt,*
> *um euer Leben zu retten. Gott hat mich vor*
> *euch her geschickt, damit er euch auf wunderbare Art und Weise am Leben erhält und einige von euch übrig bleiben. Ja, nicht ihr habt*
> *mich hierher geschickt, sondern Gott! Und er*
> *hat mich zum wichtigsten Berater des Pharaos gemacht – zum Herrn über sein ganzes*
> *Haus und zum Herrscher über ganz Ägypten.*
> – 1. *Mose* 45,5.7–8 NLB

Als Jakob erfuhr, dass Benjamin nach Ägypten einbestellt worden war, war er außer sich. Er wollte Benjamin, den er mit Rahel gezeugt hatte, nicht aufgeben. Denke daran, dass Rahel die Frau gewesen war, die er liebte. Jetzt, wo Josef und Simeon verloren waren, würde er unter gar keinen Umständen auch noch diesen Sohn aufgeben. Er rief aus: »Es bleibt mir auch nichts erspart!« (1Mo 42,36 NLB). Er ahnte nicht, dass in Wirklichkeit Josef, sein geliebter Sohn, all das für ihn plante. Obwohl er es nicht wusste, kehrte Gott hinter den Kulissen alles ins Gute um.

Wenn man inmitten einer Rezession steckt, sieht man nur die finanziellen Hürden. Aber Gott betrachtet deine Situation als eine göttliche Gelegenheit für etwas Gutes. Gott betrachtet dein Problem als göttliche Gelegenheit für eine Beförderung, Gehaltserhöhung oder neue Geschäftskunden.

Jakob dachte, dass alles gegen ihn arbeite. Das war seine Sichtweise. Doch die Bilanz von allem war, dass der Pharao das beste Land für ihn reservieren ließ! Gott hatte alles für Jakob geplant. Und alles diente ihm zum Guten.

Mein Freund, Gottes Gunst und Gnade werden dir das Gleiche bringen. Wenn du Gott an die erste Stelle setzt und ihm vertraust, darfst du wissen dass, was auch immer du gerade durchmachst, sich für dich in Gunst verwandeln wird. Dein Leben ist kein Unfall. Du wurdest vielleicht außerehelich geboren,

aber Gott liebt dich und hat einen besonderen Plan
für dich.

Er freut sich daran, Gutes zu tun. Er liebt es,
seinem Volk Gnade zu erweisen.

Josefs Leben war erstaunlich. Er wanderte von
der Grube in den Palast! Gott hat Josefs Blatt wirklich komplett gewendet. Seine Umstände veränder-
ten sich dramatisch. Der Pharao vertraute ihm, sodass er Josef alle Verantwortung übertrug und ihm
den Namen Zafenat-Paneach gab (1Mo 41,45), was
»Retter der Welt« bedeutet. Josef wurde buchstäblich vom Sklaven zum Retter der Welt. Gott beför-
derte ihn, sodass er seinem Volk etwas hinterlassen
konnte.

Was Gott für Josef tat, kann er für uns tun. Was
Gott für Benjamin und seine Familie tat, kann er
auch für uns, die Benjamin-Generation, tun. Und
das alles wird nicht geschehen, weil wir es verdienen, sondern weil er sich daran erfreut, Gutes zu
tun. Er liebt es, seinem Volk Gnade zu erweisen.

Eine 180-Grad-Wende

In meiner Gemeinde gibt es viele Menschen, deren Leben ein Zeugnis davon ist, wie Gott radikale Kehrtwenden bringt. Wir haben einen Bruder in unserer Gemeinde, der früher ein hoffnungsloser Trinker war. Er befand sich kurz vor der Scheidung, als er in unsere Gemeinde kam und Christus als seinen Retter annahm. Seine Ehe war zerbrochen, ohne Aussicht auf Wiederherstellung. Da er Geschäftsführer in der Nahrungs- und Genussmittelindustrie war, musste er von Berufswegen regelmäßig Alkohol trinken. Diese Gewohnheit war von einer Gefährdung zu einer Sucht geworden. Er rauchte außerdem wie ein Schlot, bis zu 40 Zigaretten pro Tag.

Nachdem er 1999 Christ geworden war, versuchte er, aus seiner Alkoholsucht auszubrechen, stellte aber fest, dass er es nicht schaffte. Dieser Bruder hatte mit dem Trinken angefangen als er 15 war und glaubte deshalb, dass es für ihn unmöglich wäre, den Alkohol aufzugeben.

Eines Tages hörte er, wie ich ein Zeugnis von einem anderen Bruder erzählte, der in der gleichen Sucht gebunden gewesen war und vollständige Freisetzung von Alkohol erlebt hatte. Zum ersten Mal hatte er Hoffnung, dass es möglich war, trocken zu werden und die Sucht zu brechen.

Er entschied sich, dass er das tun würde, was der andere Bruder getan hatte. Also besorgte er sich einige meiner Audioaufnahmen mit den Botschaften, die er anhören wollte. Jeden Freitagabend hörte er sich meine Aufnahmen an, besonders die eine, auf der ich von dem Zeugnis des anderen Bruders erzählte. Weil er immer noch der Flasche erlegen war, kaufte er sich sechs Dosen Bier und leerte eine nach der anderen, während er sich meine Aufnahmen anhörte. Während er so zuhörte und trank, bekannte er den Teil der Schrift, der dem anderen Bruder Freisetzung von seiner Alkoholsucht gebracht hatte. Er erklärte: »Ich bin die Gerechtigkeit Gottes in Christus!« (2Kor 5,21).

Ich finde das Zeugnis dieses Bruders wirklich interessant, denn ein weiteres Merkmal der Benjamin-Generation wird die Gerechtigkeit Gottes sein. Warum? Erinnerst du dich daran, dass Benjamin »Sohn meiner rechten Hand« bedeutet? Nun, in Jesaja 41,10 heißt es: »Fürchte dich nicht, denn ich bin mit dir; sei nicht ängstlich, denn ich bin dein Gott; ich stärke dich, ich helfe dir auch, ja, ich erhalte dich durch die rechte Hand meiner Gerechtigkeit!«

Beachte, dass die rechte Hand Gottes Gerechtigkeit symbolisiert. Also wird sich die Benjamin-Generation – die Söhne der rechten Hand – durch Gottes Gerechtigkeit auszeichnen.

Aber verwechsle nicht Gerechtigkeit mit richtigem Verhalten. Gerechtigkeit ist ein Geschenk. Paulus sagte, dass »die, welche den Überfluss der Gnade und das *Geschenk* der Gerechtigkeit empfangen, im Leben herrschen [werden] durch den Einen, Jesus Christus!« (Röm 5,17).

Wie David verstand dieser Bruder die Freude eines Menschen, »dem Gott *ohne* Werke Gerechtigkeit anrechnet« (Röm 4,6). Er wusste, dass er nichts tun konnte, um Gerechtigkeit zu erlangen. Sie ist ein Geschenk, das wir nur erhalten können, weil Jesus dafür starb.

Jeden Freitagabend glaubte dieser Bruder einfach weiter, dass er wegen dem, was Jesus am Kreuz getan hatte, gerecht gemacht worden war; nicht wegen etwas, das er selbst getan oder nicht getan hatte. Er betrachtete sich weiterhin als gerecht in Christus. Er glaubte weiterhin, dass er durch Glauben und nicht durch Werke gerechtfertigt (d. h.: gerecht gemacht) worden war. Er glaubte weiterhin, dass er gerecht war und dass er diese Gerechtigkeit nicht verlieren konnte, obwohl er immer noch trank.

Das ging etwa noch acht bis neun Monate so weiter. Ungeachtet dessen, dass er immer noch Bierdosen in sich hineinschüttete, bewirkten diese Abende, an denen er dem Wort zuhörte und seine Gerechtigkeit bekannte, merkwürdigerweise, dass sein Verlangen nach Alkohol und Zigaretten immer schwächer wurde. Gleichzeitig wuchs seine Liebe für Jesus immer mehr.

Das Bewusstsein seiner Gerechtigkeit wurde so überwältigend, dass er gegen Ende des Jahres 2000 seine letzte Zigarette und seinen letzten Tropfen Alkohol konsumierte. Seit damals hat er keinen Tropfen mehr getrunken und keine Zigarette mehr geraucht.

Etwa zu dieser Zeit spürte er, dass Gott ihm auftrug, die Nahrungs- und Genussmittelindustrie zu verlassen. Also kündigte er, ohne eine andere Stelle in Aussicht zu haben. Innerhalb weniger Monate wurde ihm ein anderer Job angeboten. Sein Gehalt ist jetzt mehr als doppelt so hoch wie das Gehalt, das er als Geschäftsführer in der Nahrungs- und Genussmittelindustrie bekommen hatte.

2002 lernte er eine wunderschöne Schwester in der Gemeinde kennen und verliebte sich in sie. 2004 schlossen sie den Bund fürs Leben. Heute dient er im Gemeindechor. Man würde seine früheren Süchte nie für möglich halten! Gottes Gnade und Güte, und die Offenbarung dieses Bruders darüber, wie gerecht er in Christus ist, haben eine 180-Grad-Wende in seinem Leben hervorgebracht. Er steht jetzt finanziell besser da, ist nicht länger abhängig von Alkohol und Zigaretten, verheiratet und sein aktueller Job ermöglicht ihm sehr viel mehr freie Zeit für seine Familie!

Gnade bringt wahre Heiligkeit hervor

Kannst du jetzt erkennen, warum Gott Gnade liebt und nicht das Gesetz? Das Gesetz kann nur äußerliche und vorübergehende Veränderung hervorbringen, doch Gnade bewirkt einen innerlichen und dauerhaften Wandel. Nur die Gnade Gottes hat die Kraft, einen Trinker dazu zu bringen, größeres Verlangen nach Jesus zu haben als nach der Flasche.

Gnade bewirkt nicht nur, dass du Sünde vermeidest; sie bringt dich auch dazu, dich mehr in Jesus und in seine Gerechtigkeit zu verlieben. Weißt du, warum manche Männer keinen Ehebruch begehen?

Das liegt nicht daran, dass sie Heiligkeit lieben. Manche haben einfach nicht das Geld dazu. Manche haben nicht die Gelegenheit dazu. Manche befürchten, dass ihre Frau es herausfinden wird. Manche fürchten sich vor Bestrafung, weil in einigen Ländern strenge Gesetze gegen Ehebruch gelten. Doch das sind keine guten Gründe dafür, nicht Ehebruch zu begehen.

Gottes Gnade wird dich dazu bringen, deine Frau so sehr zu lieben, dass du keinen Ehebruch begehen willst.

Gott will, dass wir unseren Frauen treu sind, weil wir sie lieben. Man kann das Gesetz einhalten – »Du sollst nicht ehebrechen« – und seine Frau trotzdem nicht lieben. Aber immer verliebt zu sein in deine Frau, immer ein heiliges Leben zu führen funktioniert nur, wenn du Gnade in deinem Leben hast. Nur Gottes Gnade kann wahre Heiligkeit bewirken. Gottes Gnade wird dich dazu bringen, deine Frau so sehr zu lieben, dass du keinen Ehebruch begehen willst.

Es ist möglich, dass Gnade nicht umgehend Resultate bewirkt

Manchmal bringt Gnade nicht sofort Ergebnisse hervor. Sieh dir einfach Rahel an, ein Bild der Gnade. Sie brachte ihren ersten Sohn Josef erst auf die Welt, nachdem Lea und die Mägde Jakob zehn Söhne geschenkt hatten!

Manchen Menschen erscheint das Gesetz sehr attraktiv. Das Gesetz kann zum Beispiel sehr produktiv aussehen. Es brachte zehn Söhne für Lea und die Mägde hervor. Das Gesetz scheint zu sofortigen Ergebnissen zu führen. Darum gefällt es manchen Leuten nicht, über Gnade zu sprechen. Sie wollen, dass es *jetzt* passiert. Sie sind nicht bereit, darauf zu warten, dass Gnade in ihrem Leben wirkt. Aber du musst verstehen, dass plötzliche Veränderung selten auch dauerhafte Veränderung ist.

Menschen, die sofortige Ergebnisse wollen, greifen auf eigene Bemühungen zurück, sie gebrauchen das Fleisch. Rahel wollte Kinder bekommen wie Lea, die vier Jungen hatte – Ruben, Simeon, Levi, Juda. Also gab Rahel ihre Magd Bilha an Jakob weiter. Und wisst ihr was, meine Damen? Jakob scheint sich nicht beschwert zu haben! Also brachte Bilha zwei

Söhne für Jakob zur Welt – Dan und Naftali. Rahel war ungeduldig. Weil Gott nichts zu tun schien, dachte sie, sie müsste Gott nachhelfen. Freunde, das ist nicht Gottes Art.

Einige Gemeindeleiter sind so. Sie sagen Christen, die jung im Glauben sind, dass sie dies und das tun, sich so oder so verhalten, dieses oder jenes aufgeben sollen. Sie wollen in diesen Babys in Christus sofortige Veränderung sehen.

Versteh mich nicht falsch. Ich sage nicht, dass wir neuen Gläubigen erlauben sollten, weiterhin in ihren alten Sünden zu leben. Ich sage aber: Warum sollten wir diesen jungen Christen nicht erlauben, zuerst in der Liebe Gottes zu wachsen, zuerst seine Gnade zu erfahren? Paulus sagte: »Denn die Sünde wird nicht herrschen über euch, weil ihr nicht unter dem Gesetz seid, sondern unter der Gnade« (Röm 6,14).

Wenn wir den Leuten erlauben, Gnade zu erleben, wird die Sünde nicht über sie herrschen. Diese bösen Gewohnheiten werden als Ergebnis von Gottes Gnade von ihnen abfallen. Das habe nicht ich gesagt. Der Apostel Paulus war es. Er sagte auch, dass es die Güte Gottes ist, die uns zur Umkehr führt.

Wenn wir mit neuen Gläubigen geduldig sind, wenn wir sie die Güte Gottes erfahren lassen, wird sich wahre und dauerhafte Veränderung einstellen. Wenn wir sie wissen lassen, dass Gott sie nicht verdammt, glaube ich, dass sie die Kraft haben werden, *zu gehen und nicht mehr zu sündigen*. Ist das nicht das, was Jesus der Frau sagte, die beim Ehebruch ertappt worden war (Joh 8,11)?

Gnade ist umsonst, aber sie ist nicht billig – sie kostete Gott seinen Sohn!

Wenn wir Gnade auf diese Weise predigen, wenn wir sagen, dass Gott sein Volk heute auf der Grundlage von unverdienter Gunst und Gnade behandelt, werden das einige Menschen »nachlässige Agape« nennen. Verstehst du: einige Menschen denken fälschlicherweise, dass Gnade ein Freibrief zum Sündigen ist. Aus diesem Grund halten manche Menschen die Gnadenlehre für »verrückt«.

Solche Leute fragen mich immer: »Also, Pastor Prince, bedeutet das dann, dass ich losziehen und jemanden umbringen darf und Gott mir immer noch gnädig sein wird?« Diese Leute scheinen die Vorstellung zu haben, Gnade bedeute, dass Gott Sünde nicht mehr so schlimm findet.

Mein Freund, Gnade heißt nicht, dass Gott Sünde nicht mehr so schlimm findet. Er schaut nicht vom Himmel herab, schüttelt seinen Kopf und sagt: »So sind sie nun mal!« Er sagt nicht: »Egal. Es ist in Ordnung, ein bisschen zu sündigen.« Als gerechter Gott hasst er Sünde und muss Sünde bestrafen, jede einzelne Sünde. Tatsächlich *hat* er deine und meine Sünden bestraft – er tat das am Körper seines Sohnes. Heute leben du und ich in Vergebung, weil ein anderer bestraft wurde.

Du magst Gnade geschenkt bekommen haben,
aber sie hat Gott alles gekostet.
Sie kostete ihn seinen Sohn.

Aus diesem Grund sagte Paulus in Hebräer 10,17, dass Gott sich an unsere Sünden und Gesetzlosigkeiten nicht mehr erinnert. Das liegt daran, weil er sich am Kreuz an all unsere Sünden erinnerte, als er sie am Körper Jesu richtete. Deswegen rechnet er uns unsere Sünden heute nicht mehr an (2Kor 5,18–19). Das, mein Freund, ist Gnade.

Paulus beschreibt es auf diese Art: »Denn er hat den, der von keiner Sünde wusste, für uns zur Sünde gemacht, damit wir in ihm [zur] Gerechtigkeit Gottes würden« (2Kor 5,21). Über diejenigen, die wirklich Gnade erfahren haben, wird Sünde nicht herrschen. Solche Menschen denken nicht darüber nach, umherzuziehen und andere umzubringen. Gottes Gnade sorgt dafür, dass sie nicht sündigen wollen. Sie lieben Gott und wollen das nicht tun. Gottes Gnade verwandelt sie innerlich und dauerhaft.

Bezeichne Gnade also niemals als »billig«. Sie ist nicht billig! Du magst sie geschenkt bekommen haben, aber sie ist nicht billig. Sie kostete Gott seinen Sohn. Sie kostete Gott das wertvolle Blut seines geliebten Sohnes. Gnade ist für uns heute gratis, weil Jesus den Preis dafür bezahlte, dass wir sie haben können. Jetzt ist es für uns möglich, unverdiente Gunst zu erfahren, aber nur wegen Jesus. Aus diesem Grund gilt: Wenn du Gnade erlebst, verliebst du dich in ihn und »entliebst« dich von der Sünde!

KAPITEL 3

GNADE IST EINE PERSON

Jesus ist der Grund dafür, dass wir gesegnet sind

Ist dir bewusst, dass Benjamin, seine Brüder und ihr Vater alle wegen Josef gesegnet wurden? Der Sklave, der zum Retter der Welt wurde, ernährte die Welt in Zeiten der Hungersnot.

Durch seinen Heiligen Geist öffnet Gott unsere Augen, damit wir erkennen, dass die Benjamin-Generation in diesen letzten Tagen durch Jesus gesegnet werden wird. Verstehst du: Jesus ist unser himmlischer Josef. Wie bei Josef kommt diese unverdiente Gunst Gottes nur durch Jesus zu uns. Er nahm unseren Platz als Verurteilter ein und wir nehmen seinen Platz als Gesegnete ein. Er ist der Grund, warum Gott uns gnädig ist.

Gnade kam durch Jesus

Aber Jesus ist nicht nur der Grund, warum Gott seine Gnade auf uns gießt. Jesus *ist* Gnade. Gnade ist keine Lehre. Gnade ist eine Person. Gnade ist Jesus Christus.

Lass mich das erklären. Der Apostel Paulus sagte: »Denn das Gesetz wurde durch Mose gegeben; Gottes Gnade und Wahrheit aber kamen durch Jesus Christus« (Joh 1,17 NLB). Beachte, dass das Gesetz *gegeben* wurde. Das ist eine unpersönliche Handlung. Gnade dagegen *kam*. Gnade ist persönlich und kam in der Person Jesu.

Warum nur um der Gabe willen zu Jesus gehen? Warum nicht um des Gebers willen?

Wenn du Jesus in deinem Leben hast, hast du Gnade in deinem Leben und damit Gottes unverdiente Gunst. Diese Gunst kann man sich nicht erarbeiten. Und wenn er in dir lebt, lebt die Kraft für wahre Heiligkeit in dir. Die Kraft erfolgreich zu sein, lebt in dir. Die Weisheit Gottes lebt in dir. Wenn du Jesus hast, hast du alles.

Einige Christen gehen nur wegen der Segnungen zu Jesus. Danach gehen sie munter ihre eigenen Wege und wenn die Versorgung ausgeht, rennen sie zu ihm zurück. Weißt du, dass Jesus solche Menschen immer noch versorgen wird, wenn sie zu ihm zurückkommen? So gut ist er. Er sagt, dass er die, die zu ihm kommen, nicht hinausstoßen wird (Joh 6,37).

Aber so muss es nicht sein. Warum nur um der Gabe willen zu Jesus gehen? Warum nicht um des Gebers willen? Wenn du ihn hast, hast du alles. Ich will nicht nur seine segnende Hand, ich will ihn. Ich will ihn jeden Tag. Ich will, dass mein Herz erfüllt ist von ihm.

Jesus ist unser himmlischer Josef

Wenn du dich fragst, warum ich Josef mit Jesus vergleiche – warum ich Jesus unseren himmlischen Josef nenne: das liegt daran, dass Josef ein Typus für Jesus ist. Wenn ich das Wort »Typus« gebrauche, meine ich damit ein Bild oder ein Symbol. Josef im Alten Testament ist ein Bild für das Wesen unseres Retters Jesus. Josef symbolisiert Jesus. Wie? Zunächst einmal hütete Josef Herden, so wie unser Herr Jesus – er ist der gute Hirte.

Josefs Brüder hassten und verstießen ihn. Auf die gleiche Weise kam Jesus zu seinen eigenen Brüdern im Fleisch, den Juden, und auch sie lehnten ihn ab. Johannes sagte, dass Jesus in sein Eigentum kam, aber die Seinen ihn nicht empfingen (Joh 1,11). Israel lehnte ihn ab. Deshalb befinden sie sich in der Finsternis. Deshalb haben sie seither gelitten. Der Teufel konnte sie durch den Holocaust angreifen, weil sie den Schutz ihres Retters ablehnten.

Aber wir müssen achtgeben, wenn wir darüber reden. Wir dürfen nicht antisemitisch werden. Einige Leute denken, dass die Juden Jesus töteten. Doch es waren alle unsere Sünden, die ihn ans Kreuz brachten. Jesus wurde nicht ermordet. Er legte sein Leben freiwillig hin (Joh 10,17–18). Das tat er wegen unserer Sünden.

Mache also nicht das jüdische Volk dafür verantwortlich. Gott hat sie nicht verstoßen und durch die Gemeinde ersetzt. Er liebt die Gemeinde. Aber er liebt auch das jüdische Volk. Wir sind beide Samen Abrahams (Hebr 11,12). Die Juden sind der natürliche Same und wir der geistliche. Sie sind der Sand am Meeresufer und wir die Sterne am Firmament.

Eine andere Ähnlichkeit zwischen Josef und Jesus ist, dass Josefs Brüder ihn beim ersten Mal nicht erkannten. Er wurde erst beim zweiten Treffen erkannt. So wird es auch mit Jesus sein. Und während seines zweiten Kommens wird ganz Israel errettet werden.

Noch eine Parallele zwischen Josef und Jesus wird darin sichtbar, dass sie jeweils zwei Kriminellen dienten. Im Kerker baten zwei Gefangene Josef um Hilfe. Einer überlebte, der andere starb. Während der Kreuzigung hingen neben Jesus ebenfalls zwei Kriminelle. Einer empfing ewiges Leben, der andere nicht.

Und übrigens, welchen liebte Jakob unter allen seinen Söhnen am meisten? Josef natürlich! Gleichermaßen liebt Gott seinen Sohn am meisten.

Wir haben gesehen, dass Josef der Name Zafenat-Paneach gegeben wurde, was »Retter der Welt« bedeutet. Jesus ist der wahre Retter. Josef wurde erhöht, um das Volk vor der Hungersnot zu retten. Er war in der Lage, Ägypten zu ernähren. Ägypten ist ein Bild für die Heiden. Jesus ist das Brot des Lebens (Joh 6,35). Heute ernährt er seine Gemeinde, die vorwiegend nichtjüdisch ist. Er ist sowohl unsere geistliche als auch unsere leibliche Versorgung.

Mach dir keine Sorgen über eine wirtschaftliche Hungersnot, wenn du den himmlischen Josef in deinem Leben hast. Ich kümmere mich nicht darum, wie schlecht es um die globale Wirtschaft steht. Als die Hungersnot schlimm war, hatte Josef sowohl für Ägypten als auch für seine Brüder genug Nahrung. Jesus hat genug Versorgung für uns alle. Wir müssen einfach zu ihm kommen. Er will seine unverdiente Gunst und Segnungen über uns ausgießen. Unser himmlischer Josef will uns, die Benjamin-Generation, segnen.

Unser himmlischer Josef liebt Benjamin

Ist dir schon mal aufgefallen, dass Josef Benjamin am meisten liebte? Du wirst feststellen, dass Josef beim Wiedersehen mit seinen Brüdern zum ersten Mal weinte, als Benjamin dazukam (1Mo 43,30).

Woran liegt das? Obwohl alle Brüder den gleichen Vater teilten, hatten sie nicht dieselbe Mutter. Nur Josef und Benjamin hatten den gleichen Vater und die gleiche Mutter. Das bedeutet, dass alle

Christen zwar den gleichen Vater, aber nicht alle die gleiche Mutter haben.

Lass mich das erklären. Wir alle wissen, wer unser Vater ist, nicht wahr? Gott natürlich. Wer also sind die Mütter? Das sind Rahel und Lea. Und wofür stehen diese zwei Mütter? Rahel steht für Gnade, während Lea das Gesetz repräsentiert.

Es gibt einige Christen, die glauben, dass wir immer noch unter den Zehn Geboten sind. Diese Christen haben Lea als ihre Mutter. Aber wir, die Benjamin-Generation, glauben, dass Gott den alten Bund, das Gesetz, für mangelhaft befunden hat und einen neuen Bund der Gnade aufgerichtet hat. Deshalb ist Rahel unsere Mutter.

Leider werden manche dieser Christen, die nicht die gleiche Mutter haben wie wir, uns, die Benjamin-Generation, verfolgen. Erinnere dich daran, dass Ismael, der aus menschlicher Leistung heraus geboren wurde, Isaak verfolgte, der aus der Verheißung heraus geboren worden war. Das Gleiche gilt heute: wer darauf besteht, unter dem Gesetz zu sein, wird den verfolgen, der unter der Gnade ist.

Genau diese Menschen beschuldigen uns, immer nur Gnade zu predigen. Sie fragen: »Warum sprichst du immer über Gnade, Gnade, Gnade?

Weißt du nicht, dass Gott Gehorsam verlangt?« Sie sagen, dass Gott Gehorsam gegenüber dem Gesetz fordert. Sie beschuldigen uns, »billige Gnade« zu predigen. Sie denken, dass die Menschen anfangen werden, verrückte Dinge zu tun, wenn man sie nicht das Gesetz lehrt. Sie sagen, dass wir den Menschen einen Freibrief zum Sündigen geben, wenn wir Gnade predigen.

Weil Jesus uns das Geschenk machte,
nicht verdammt zu sein, haben wir die Kraft,
zu gehen und nicht mehr zu sündigen.

Ich will dies noch einmal sagen: Wenn Menschen Gottes Gnade erfahren, wird Sünde nicht über sie herrschen. Sieh dir einfach an, was mit der Frau geschah, die beim Ehebruch ertappt und von den Pharisäern zu Jesus gebracht worden war. Was sagte Jesus zu dieser Frau? Die meisten Leute antworten: »Er sagte, sie soll gehen und nicht mehr sündigen.« Das ist korrekt, aber was sagte er davor? Er sagte: »Ich verurteile dich auch nicht« (Joh 8,11 NEÜ).

Bevor wir die Kraft haben, hinzugehen und nicht mehr zu sündigen, müssen wir wissen, dass Gott uns nicht verurteilt. Weil Jesus dieser Frau das Geschenk machte, nicht verdammt zu sein, hatte sie die Kraft, zu gehen und nicht mehr zu sündigen.

Ist das nicht wunderschön? Wenn wir Jesus erleben, erleben wir seine Gnade, die eine übernatürliche Verwandlung mit sich bringt. Wir sind es, die Benjamin-Generation, die den gleichen Vater und die gleiche Mutter haben wie Josef – ein Typus für Christus – die seine Güte erfahren werden, die uns zur Buße leitet. Es ist die Benjamin-Generation, die diese übernatürliche und dauerhafte Verwandlung erfahren wird.

Unseren himmlischen Josef anbeten

Wenn wir seine Güte erleben, ist es unsere natürliche Reaktion, ihn anzubeten. Wenn wir erkennen, dass Jesus der Grund für unseren Segen ist, sollte es unsere natürliche Reaktion sein, dem Vater von der ganzen Güte Jesu zu erzählen.

Nachdem Josef seinen Brüdern seine wahre Identität offenbart und ihnen erzählt hatte, dass es Gottes Plan war, sie zu segnen, konnte er es kaum erwarten, bis sie seinem Vater Jakob davon berichteten. Seine Anweisung an sie war: »Darum verkündet meinem Vater all meine Herrlichkeit in Ägypten und alles, was ihr gesehen habt, und bringt meinen Vater schnell hierher!« (1Mo 45,13).

Wahre Anbetung erzählt dem Vater von der Herrlichkeit Jesu. Was immer uns gepredigt wird, was immer wir im Wort gesehen haben; Jesus möchte, dass wir es zum Vater zurückbringen und sagen: »Oh, Vater, unser Herr Jesus ist so wunderschön! Er ist so voller Gnade, so voller Barmherzigkeit, so voller zärtlicher Güte. Wie könnte ich ihn nicht lieben!«

Wahre Anbetung fließt nicht aus Emotionen heraus, sondern aus Erlösung.

Es ist wahre Anbetung, wenn wir so reden. Anbetung bedeutet, Jesus zum Vater zu bringen. Er ist unser Brandopfer, unser Speiseopfer, unser Friedensopfer, unser Sündopfer und unser Schuldopfer. Sein Werk am Kreuz ist so wunderschön, dass fünf verschiedene Opfer nötig sind um darzustellen, was er getan hat. Dem Vater gefällt es, wenn du Jesus zu ihm bringst, wenn du sein vollbrachtes Werk am Kreuz erhebst.

Verstehe mich nicht falsch. Wir sind nicht durch das angenommen, was wir *tun*. Wir sind allein aufgrund dessen gesegnet und angenommen, was Jesus *getan hat*. Wahre Anbetung weist auf das hin, was er getan hat.

Die Benjamin-Generation wird eine Generation sein, die wahre Anbetung darbringt – Anbetung, die das vollbrachte Werk Jesu erhöht. Und wahre Anbetung fließt nicht aus Emotionen heraus, sondern aus Erlösung.

KAPITEL 4

SEI BEREIT FÜR DIE SEGNUNGEN DER ENDZEIT!

Bereite dich darauf vor, viel zu empfangen

Ich weiß, dass Gott in dieser letzten Zeit seine Segnungen über uns ausgießen will. Ich weiß das, weil Gott dabei ist, seine Wahrheit über der Benjamin-Generation freizusetzen. Bereite dich also darauf vor, viel zu empfangen! Als die zehn Brüder Josef zum ersten Mal in Ägypten begegneten, landeten sie im Gefängnis. Aber in dem Moment, als Benjamin nach Ägypten kam, war von Gefängnis keine Rede mehr. Gnade wurde freigesetzt und darauf folgten Segnungen!

Statt Gefängniskost wurden sie im Palast zu einem Festessen willkommen geheißen. Ihr Bruder

Josef schmiss ein Fest für sie. Er hatte vorher schon erklärt, dass er sie nicht empfangen und es kein Brot geben würde, wenn Benjamin nicht zu ihm käme. (1Mo 43,3–5). Als die Brüder daraufhin ihren jüngsten Bruder zu ihm brachten, war Josefs erste Anweisung, das Essen aufzutragen (1Mo 43,31).

Heute gibt unser himmlischer Josef die Anweisung, das Essen aufzutragen. Also, Benjamin-Generation, halte dich bereit für seine endzeitlichen Segnungen! Die Zeit ist reif für das Fest!

Segnungen für Israel

Diese endzeitlichen Segnungen sind nicht nur für die Gemeinde da, sondern auch für das jüdische Volk. Gott hat so viel Segen, dass er ihn auf beide Samen Abrahams ausgießt – den natürlichen Samen und den geistlichen Samen.

Josef segnete nicht nur Benjamin, er segnete auch seine zehn Brüder. Er ordnete an, dass die Säcke seiner zehn Brüder mit Korn sowie dem Geld, mit dem sie das Korn bezahlt hatten, gefüllt werden sollten. Diese zehn Brüder stehen für das jüdische Volk. Die meisten Juden leben immer noch unter dem alten

Bund, unter den Zehn Geboten. Und trotzdem sind sie gesegnet.

Als Josefs Brüder zurückkamen, um weiteres Korn zu besorgen, sagten sie zu dem Verwalter: »Wir wissen nicht, wer unser Geld in unsere Säcke gelegt hat!« (1Mo 43,22). Obwohl die Juden gesegnet sind, wissen viele nicht, wer sie segnet. Sie gehören zu einer ethnischen Minderheit und doch sind ihre Errungenschaften denen jedes anderen Volkes überlegen. Sie haben Nobelpreisträger, Schlüsselfiguren in der Filmindustrie, finanzielle Giganten usw. Die Liste ist umfangreich und beeindruckend.

Den Zehnten zu geben hat Auswirkungen auf zukünftige Generationen.

Deshalb war Hitler gegen sie. Er war neidisch, weil die Juden, egal wo sie waren, irgendwann reich wurden. Der natürliche Same Abrahams scheint am Ende immer mit Geld dazustehen. Und trotzdem wissen sie nicht, wer das Geld in ihre Säcke gelegt hat. Aber wir wissen, wer sie segnet. Es ist Jesus, der himmlische Josef. Er segnet sie wegen ihres Vaters Abraham.

Abraham gehörte zu denen, die ihren Zehnten gaben. Er gab einen Zehntel von allem was er hatte an Melchisedek, der Jesus verkörperte, bevor dieser Mensch wurde. Diese Handlung hatte Auswirkungen auf Abrahams zukünftige Generationen. Paulus sagte: »Man könnte sogar sagen, dass Levi selbst – der doch eigentlich den Zehnten erhebt – durch Abraham den zehnten Teil an Melchisedek abgab« (Hebr 7,9–10 NLB). Als ich das las, fragte ich mich, wie das möglich war. Levi war der Urenkel Abrahams. Er war einer von Benjamins Brüdern; wie konnte er also durch Abraham seinen Zehnten bezahlt haben?

Dann sagte der Herr zu mir: »Sohn, den Zehnten zu geben hat Auswirkungen auf zukünftige Generationen.« Als Abraham den Zehnten gab, war es für Gott, als ob sein Urenkel Levi ebenfalls den Zehnten gegeben hätte. Kannst du dir das vorstellen, meine kleine Tochter Jessica wird auch gesegnet, wenn ich den Zehnten gebe?

Leute, bitte versteht: dies bedeutet nicht, dass man die Segnungen Gottes erkaufen kann. Man kann Gottes Segnungen nicht kaufen. Er ist nicht bestechlich. Gott segnet dich umsonst, weil er sich dafür entscheidet. Wenn du deinen Zehnten gibst, einen Zehntel von allem was du hast, dann ehrst du ihn einfach. Und wenn du ihn ehrst, wirst du gesegnet. Mehr noch: wenn du den Zehnten gibst, behandelt Gott das so, als ob deine zukünftigen Generationen den Zehnten gegeben hätten. Und er segnet auch sie!

Obwohl das jüdische Volk finanziell von Gott gesegnet worden ist, hat Israel als Nation ihn leider abgelehnt. Die Festnahme Simeons ist ein Bild dieser Ablehnung. Als Josef seine Brüder anwies, Benjamin nach Ägypten zu bringen, nahm er Simeon fest und warf ihn ins Gefängnis bis Benjamin zurückkam.

Warum wählte Josef von allen Brüdern ausgerechnet Simeon aus? Das war eine strategische, eine prophetische Handlung. Verstehst du: Simeon bedeutet »Hören«. Mit dieser Handlung prophezeite Josef, dass das Hören des jüdischen Volkes eine Zeit lang gebunden werden würde. Und als Jesus geboren wurde, wollte Gott dieses Hören in seinem Volk freisetzen. Ein alter Mann namens Simeon kam in den Tempel und prophezeite über dem Baby Jesus (Lk 2,25–35). Aber das jüdische Volk weigerte sich trotzdem, die Prophetie zu beherzigen, die auf Jesus als ihren Messias deutete. Sogar noch heute weigern sich die meisten Juden zuzuhören, wenn man über Jesus spricht.

Aber weißt du was? Gottes Herz ist voller Liebe für sein Volk. Als Josef seinen Brüdern seine Identität offenbarte, wurden sie von Angst erfüllt. Deshalb sprach er voller Güte zu ihnen:

> *Aber macht euch deswegen keine Vorwürfe. Gott selbst hat mich vor euch her geschickt, um euer Leben zu retten. ... Gott hat mich vor euch her geschickt, damit er euch auf wunderbare Art und Weise am Leben erhält und einige von euch übrig bleiben. Ja, nicht ihr habt mich hierher geschickt, sondern Gott! Und er hat mich zum wichtigsten Berater des Pharaos gemacht – zum Herrn über sein ganzes Haus und zum Herrscher über ganz Ägypten.*
> *– 1. Mose 45,5.7–8 NLB*

Unser himmlischer Josef wird sein Volk nicht verurteilen. Obwohl sie ihn abgewiesen haben, begegnet er ihnen mit Güte.

Segnungen für die Gemeinde

Wenn Gott den natürlichen Samen Abrahams segnet, der ihn abgelehnt hat – wie viel mehr wird Gott die Gemeinde segnen! Der Teufel hat lange versucht, die Gemeinde in Armut festzuhalten. Er will uns glauben machen, Heiligkeit bedeute, Löcher in unseren Schuhen zu haben! Und damit war er eine Zeit lang erfolgreich. Deshalb haben wir das Sprichwort, arm zu sein »wie eine Kirchenmaus«. Aber jetzt nicht mehr! Gott will, dass die endzeitliche Gemeinde gut versorgt ist.

Er will, dass die Benjamin-Generation sowohl geistliche als auch finanzielle Segnungen erfährt. Lass mich dich eins fragen: Wenn du einen 5-Euro-Schein und einen 100-Euro-Schein auf dem Boden liegen siehst, welchen würdest du aufheben? Ich fragte das einmal jemanden und er schaute mich unsicher an. Ich sagte: »Du würdest beide aufheben, nicht wahr?« – »Jjaa-a-a!«, stammelte er. Er wollte nicht »Ja« sagen, weil er ein ehrlicher Mann war und nicht das Geld einer anderen Person nehmen wollte.

Wenn du Geld auf dem Boden liegen siehst und es gehört jemand anderem, gib es natürlich bitte zurück. Ich gebrauche diese Veranschaulichung nur, um etwas zu verdeutlichen. Es geht mir darum, dass manche Christen ihre Zeit damit verschwenden, darüber zu diskutieren, ob Gott sie geistlich oder materiell segnen will. Naja, die Antwort ist: beides! Empfange alle geistlichen Segnungen, und obendrein will Gott uns auch materiell segnen. Was denkst du, wer all die Saphire, Diamanten, Rubine und die anderen kostbaren Mineralien in der Erde deponiert hat? Der Teufel? Nein, der Teufel kann rein gar nichts erschaffen! Er kann nur verdrehen, was Gott erschaffen hat. Es ist dein himmlischer Vater, der der Schöpfer all dieser guten Dinge ist.

Josef schenkte seinen Brüdern auch Kleidung. Also, Männer, scheut euch nicht davor zu sagen: »Wow! Klamotten!« Josef kannte den Wert von hochwertiger Kleidung. Sein Vater hatte ihm, als er noch jünger war, einen Mantel aus vielen Farben geschenkt. – Das ist jetzt interessant – Benjamin erhielt fünfmal mehr als seine Brüder! Er bekam also 300 Silberstücke. Und das war nur für die Reise nach Hause.

Josef gab ihnen auch zehn Esel mit auf den Rückweg, die *voll beladen* mit all den guten Dingen Ägyptens waren. Seien wir mal ehrlich, Leute, die guten Dinge Ägyptens sind nicht die guten Dinge

Kanaans. Es sind keine geistlichen Segnungen, sondern materielle Besitztümer, die die Welt begehrt.
Gott bepackt uns sogar mit diesen Gaben. Also, das
gefällt mir!

Segnungen – Ein Schlüssel für geistliche Erweckung

Du wirst feststellen, dass die Welt aufhorcht und zu
erkennen beginnt, dass Jesus lebt, wenn Gott uns
segnet. Das passierte nämlich Jakob:

*Und sie berichteten ihm und sprachen: Josef
lebt noch und ist Herrscher über das ganze
Land Ägypten! Aber sein Herz blieb kalt, denn
er glaubte ihnen nicht. Da sagten sie ihm alle
Worte, die Josef zu ihnen geredet hatte. Und
als er die Wagen sah, die Josef gesandt hatte,
um ihn abzuholen, da wurde der Geist ihres
Vaters Jakob lebendig, und Israel sprach: Für
mich ist es genug, dass mein Sohn Josef noch
lebt! Ich will hingehen und ihn sehen, bevor ich
sterbe! – 1. Mose 45,26–28*

Als Jakobs Söhne ihm erzählten, dass Josef am Leben war, glaubte er ihnen zunächst nicht. Erst als er die Wagen *sah* – den Beweis für die Segnungen – glaubte er. Wie Jakob muss die Welt die Güte Gottes in und durch uns *sehen*. Der Beweis für Gottes Segnungen in unserem Leben hilft ihnen dabei, an einen guten Gott zu glauben. Danach sagt die Bibel, dass Jakobs Geist wieder lebendig wurde. Darin steckt eine Lektion: wie kann man eine geistliche Erweckung haben? Indem man die Welt die Segnungen Gottes in seinem Leben *sehen* lässt.

In materiellen Segnungen liegt ein wichtiger Schlüssel für geistliche Erweckung.

Einige von euch werden sagen: »Pastor Prince, hier geht es nicht um geistliche Erweckung.« Aber die Bibel sagt, dass Jakobs *Geist* lebendig wurde, als er die Wagen sah. Sieh dir an, was mit Jakob geschah, nachdem sein Geist lebendig wurde. Der Heilige Geist änderte seinen Namen und nannte ihn Israel.

Der Name Jakob bedeutet »Verdränger« oder »Betrüger«. Er erhielt diesen Namen, weil er sich während seiner Geburt an der Ferse seines Bruders festgehalten und versucht hatte, seinen älteren Zwilling zu überholen (1Mo 25,26). Später betrog er seinen Bruder Esau um dessen Erstgeburtsrecht und Segen (1Mo 27,36).

Aber nachdem Jakob eine Begegnung mit Gott gehabt hatte, erhielt er den Namen Israel, der »Fürst bei Gott« bedeutet (1Mo 32,28). Dann, nachdem Jakobs Geist wieder lebendig geworden war, verwendete der Heilige Geist in 1. Mose 45 mit Absicht den Namen Israel. Warum würde Gott auf einmal damit anfangen, ihn Israel zu nennen? Der Grund dafür ist, dass Gott uns zeigen wollte, dass Jakob wieder zu einem Gläubigen wurde. Er *sah* die Wagen – den Beweis für die Segnungen – und er glaubte. Das sagt mir, dass in materiellen Segnungen ein wichtiger Schlüssel für geistliche Erweckung liegt.

Gott segnete mich mit einem guten Auto

Als Jakob die Wagen sah, wurde sein Geist wieder lebendig. Beziehen wir das nun auf das 21. Jahrhundert. Was ist heutzutage ein Wagen? Ein Auto natürlich. Kannst du das glauben? Gott will uns sogar mit Transportmitteln versorgen!

Ich erhielt diese Offenbarung von Gott zum ersten Mal, als ich eines Tages beim Autokauf war. Damals hatte ich eigentlich nicht das Geld, um das Auto zu kaufen, das ich letztlich kaufte. Ich hatte zu der Zeit nur genug Geld für einen Mittelklassewagen. Weil wir uns aber gerade in einer Rezession befanden, waren die Autopreise drastisch gesunken. Obendrein gewährte die Regierung einen Sonderrabatt auf Autokäufe. Letzten Endes konnte ich mit dem Geld, das ich hatte, tatsächlich ein größeres Auto für meine Familie kaufen.

Einer meiner Pastoren war dabei, als ich das Auto begutachtete. Er schaute es an und sagte mir, ich solle es kaufen. Er nannte es »einen sehr guten Kauf«. Also kaufte ich es und ich erinnere mich daran, wie der Geschäftsführer bemerkte, dass es sehr schlau sei, das Auto zu kaufen. Glaubst du, dass ich schlau bin? Ich muss zugeben, dass ich nicht viel von Autos verstehe. Ich habe keine Ahnung von dem Marktwert von Autos. Doch zwei Monate später schoss der Preis meines Autos in die Höhe. Wenn ich es dann verkauft hätte, hätte ich einen guten Gewinn gemacht! Das war wirklich der Segen Gottes!

Eigentlich bekam ich kalte Füße bei dem Gedanken, das Auto zu fahren. Ich schaute mir das Auto an. Es war so schön, aber trotzdem begann ich mir vorzustellen, wie ich darin herumfuhr und die Leute sagen hörte: »Oh, dieser Pastor muss Geld von der Gemeinde genommen haben, um dieses Auto zu kaufen!« Aber das hatte ich nicht getan. *Ich habe niemals und würde niemals* ein Opfer für meine persönlichen Bedürfnisse nehmen.

Ich ging nach Hause und betete: »Herr, die Leute werden reden. Bitte zeig mir, ob dieses Wunder von dir ist.« Ich machte mir Sorgen über mein Zeugnis, weil ich als Pastor den Menschen gegenüber eine Verantwortung habe. Ich wollte nicht, dass meine Handlungen sich negativ auf die Haltung der Menschen gegenüber Gott auswirkten oder ihre persönliche Beziehung zu Gott schädigten. Ich wusste, dass der Herr mich mit diesem Auto segnen konnte, aber ich wollte nicht, dass meine Entscheidung Menschen in ihrem Glauben zu Fall brachte. Ich wollte den Herrn ehren.

Genau dann zeigte mir Gott, wie der Heilige Geist den Namen Israel verwendete, *nachdem* Jakob die Wagen gesehen hatte. Er ließ mich erkennen, dass es für die Menschen oft schwierig ist, bloßen Worten zu glauben. Worte sind oft nicht genug. Sie müssen zuerst *sehen* und dann werden sie sagen: »Gott *ist* gut.«

Ich wusste, dass ein paar Leute mich kritisieren würden, wenn ich dieses Auto fahre. Aber ich zog es durch und kaufte das Auto um der vielen anderen Menschen willen. Ich wollte sie sehen lassen, dass Gott gut ist. Sie sollten wissen, dass Gott seinem Diener ein Traumauto schenken kann. Und ich hatte zu Beginn nicht einmal genug Geld gehabt! Ich musste kein Opfer dafür einsammeln. Gott hat mich einfach versorgt.

Meine Familie und ich genossen das Auto, aber ich war weit mehr von Gottes Liebe für mich ergriffen – er hat mir ein großartiges Auto gegeben! Er liebt mich wirklich!

Gnade macht ehrfürchtig

Wenn Gott seinem Volk Gnade erweist, kann es das manchmal nicht glauben. Manchmal lehnt es sie sogar ab. Es sagt »Nein!« zu seinen Segnungen. Singapurer verstehen diese Einstellung. Wir glauben nicht an ein kostenloses Mittagessen. Wir glauben, dass ein kostenloses Geschenk ohne weitere Bedingungen einfach nicht möglich ist. Es ist komisch, aber den Menschen fällt es schwer, Gnade zu empfangen. Sie fühlen sich nicht wohl dabei, etwas umsonst anzunehmen. Sie denken, dass es irgendwo einen Haken geben muss.

Du brauchst den Heiligen Geist nicht, um das Gesetz zu verstehen. Aber du brauchst den Heiligen Geist, um Gnade zu verstehen.

Josefs Brüder fürchteten sich sehr, als sie entdeckten, dass das Geld, mit dem sie das Korn bezahlt hatten, in ihre Säcke zurückgelegt worden war (1Mo 42,27–28). Gnade ist nicht natürlich. Sie ist vielmehr übernatürlich!

Die Leute verstehen das Gesetz, aber sie verstehen Gnade nicht. Wenn man die Orchard Road in Singapurs größtem Einkaufsgebiet entlanggehen und die Leute fragen würde, wie man in den Himmel kommt, würden sie sagen: »Tue Gutes ... Tue nichts Böses … Töte nicht … Stiehl nicht …« Sie werden gewissermaßen sagen, dass man die Zehn Gebote einhalten muss.

Keiner würde sagen: »Wir kommen aus Gnade in den Himmel.« Das beweist, dass das Gesetz für Menschen etwas Natürliches ist. Gnade ist nicht natürlich. Du brauchst den Heiligen Geist nicht um das Gesetz zu verstehen. Aber du brauchst den Heiligen Geist, um Gnade zu verstehen. Du brauchst den Heiligen Geist, um zu verstehen, dass wir aus Gnade errettet sind und nicht durch das Gesetz. Wir benötigen den Heiligen Geist, der uns offenbart, dass Jesus unsere Bestrafung auf sich nahm, damit wir heute seine Segnungen haben können.

Benjamin tat nichts, womit er irgendeinen Segen verdient hätte. Er empfing einfach. Und nur weil Josef ihn liebte, empfing er fünfmal mehr als irgendein anderer seiner Brüder.

Versorgung mit einem Zweck

Ist dir bewusst, dass Josef seinen Dienern befahl, die Säcke seiner Brüder mit Korn zu füllen, aber in Benjamins Sack heimlich einen silbernen Kelch hineinzulegen? Die Säcke stehen für finanziellen Segen. Was Josef für Benjamin tat, will unser himmlischer Josef in diesen letzten Tagen für uns tun. Er will sein Volk versorgen.

Aber schau, was Benjamin passierte. Josef wies seine Diener an, einen silbernen Kelch in Benjamins Sack zu schmuggeln. Dieser silberne Kelch steht für Erlösung. In Lukas 22,42 (ELB) betete Jesus: »Vater, wenn du willst, nimm diesen Kelch von mir weg – doch nicht mein Wille, sondern der deine geschehe!« Silber stellt in der Bibel durchgängig Erlösung dar. Im Alten Testament benutzten die Menschen Silber, um die Lösesumme zu bezahlen. Sieh dir 3. Mose 5,15 an:

Wenn eine Seele eine Veruntreuung begeht und sich aus Versehen versündigt an dem, was dem Herrn geweiht ist, so soll sie dem Herrn ihr Schuldopfer bringen, nämlich einen makellosen Widder von der Herde, im Wert von so vielen Silber-Schekeln, wie du schätzt, nach dem Schekel des Heiligtums, als Schuldopfer.

Der silberne Kelch, der für Erlösung steht, wurde heimlich in Benjamins Sack gelegt. Dieser silberne

Kelch steht heute für die Gesamtsumme aller unserer Sünden. Und weißt du, warum der Kelch leer ist? Weil Jesus jeden Tropfen unserer schmutzigen Sünden ausgetrunken hat, damit wir heute die Fülle seiner Segnungen erfahren können! Der Kelch ist leer, damit wir die Fülle seiner Segnungen empfangen können!

Wir erhalten göttliche Versorgung mit einer göttlichen Absicht – Jesus einer verlorenen und sterbenden Welt bekannt zu machen.

Ist es nicht wunderbar, dass Gott den silbernen Kelch der Erlösung nicht in die Säcke der anderen Brüder legte, sondern nur in den Benjamins? Er segnet uns, die Benjamin-Generation, damit wir ein Segen sind und Jesu vollbrachtes Werk am Kreuz verkünden.

Hier ist noch eine andere wunderbare Wahrheit: Das Korn in dem Sack war Weizen. Daraus wird Brot hergestellt. Brot steht auch für das Wort Gottes. Das bedeutet, dass der Sack nicht nur Versorgung repräsentiert, er repräsentiert auch das Wort

Gottes. Jedes Mal, wenn wir, die Benjamin-Generation, in den Sack hineinspähen (mit anderen Worten: jedes Mal, wenn wir das Wort lesen), sehen wir den silbernen Kelch (Jesu Erlösung, das vollbrachte Werk Jesu am Kreuz) im Sack (im Wort). Jedes Mal, wenn wir das Wort lesen, sehen wir seine Erlösung! Wir sehen nicht länger sein Gericht – wir sehen die wunderbare Gnade Gottes! Und genau das werden wir verkünden: sein vollbrachtes, vollständiges und vollkommenes Werk am Kreuz, das uns gilt.

Jesus, unser himmlischer Josef, liebt uns. Und er will der Benjamin-Generation fünfmal mehr Segnungen geben als irgendeiner anderen Generation. Wir erhalten göttliche Versorgung mit einer göttlichen Absicht – Jesus einer verlorenen und sterbenden Welt bekannt zu machen.

Lass dir von niemandem die Segnungen Gottes aus deinem Leben hinauspredigen. Lass dir von niemandem rauben, was du von der Gnade erkannt hast. Alles was du hast, beruht auf dem vollbrachten Werk Jesu.

Gerade jetzt erweckt Gott die Benjamin-Generation. Wir sind die letzte Generation. Und während dieser Endzeit wird es eine Hungersnot geben. Aber fürchte dich nicht, er wird dich mit den guten

Dingen Ägyptens versorgen. Er wird uns mit Essen, Wagen und Kleidung ausstatten und wir werden fünfmal mehr empfangen. Aber wir müssen immer daran denken: Wir empfangen es nicht, weil wir es verdienen, sondern weil Jesus dafür bezahlte!

GEBET FÜR DEINE ERRETTUNG

Wenn du Jesus zu deinem Herrn und Retter machen und alles empfangen möchtest, was er für dich getan hat, bete dieses Gebet:

Herr Jesus, danke, dass du mich liebst und für mich am Kreuz gestorben bist. Dein kostbares Blut wäscht mich von jeder Sünde rein. Du bist jetzt und für immer mein Herr und mein Retter. Ich glaube, dass du von den Toten auferstanden bist und heute lebst. Durch dein vollbrachtes Werk bin ich jetzt ein geliebtes Kind Gottes und der Himmel ist mein zu Hause. Danke, dass du mir ewiges Leben gibst und mein Herz mit deinem Frieden und deiner Freude erfüllst. Amen.

WIR WÜRDEN UNS FREUEN, VON DIR ZU HÖREN

Wenn du das Gebet für deine Errettung gebetet hast oder uns nach dem Lesen dieses Buches gerne dein Zeugnis erzählen möchtest, schreib uns:

www.josephprince.com/testimony

BLEIBE MIT JOSEPH IN KONTAKT

Über die folgenden *Onlinekanäle* kannst du mit Joseph in Kontakt bleiben und täglich inspirierende Impulse (in englischer Sprache) erhalten:

Facebook.com/JosephPrince
Twitter.com/JosephPrince
Youtube.com/JosephPrinceOnline
Instagram: @JosephPrince

Kostenlose tägliche E-Mail-Andachten

Trage dich unter **JosephPrince.com/meditate** in den Verteiler für Josephs KOSTENLOSE E-Mail-Andachten (in englischer Sprache) ein und erhalte kurze Botschaften, die dir helfen, in der Gnade zu wachsen.

Weitere Bücher von Joseph Prince

Mehr Informationen zu seinen Büchern und anderem inspirierenden Material findest du auf:

www.josephprince.de und **www.gracetoday.de**

GESUND UND HEIL DURCH DAS ABENDMAHL

Falsche Vorstellungen über das Abendmahl haben viele Christen eines von Gott festgelegten Kanals der Heilung und Gesundheit beraubt. Dieses Buch erklärt, welche Bedeutung die Elemente des Abendmahls wirklich
haben: das Blut Jesu zur Vergebung der Sünden und sein
Leib für unsere Heilung.

86 Seiten, Taschenbuch
Auch als E-Book und Hörbuch erhältlich.

LASS LOS UND LEBE

Wie man frei wird von
Stress, Sorge und Angst

Finde heraus, dass du nicht dazu geschaffen bist, besorgt und gestresst zu leben. Vielmehr beruft dich Gott dazu, ein Leben der Ruhe zu führen. Erfahre, wie du von Stress frei wirst und Gottes Gnade in den sorgenfreien Bereichen deines Lebens unvermindert fließen sehen kannst.

347 Seiten, gebunden mit Lesebändchen
Auch als E-Book und Hörbuch erhältlich.

DAS GEBET DES SCHUTZES

*Furchtlos leben in
gefährlichen Zeiten*

Wir leben in Zeiten, in denen wir täglich Opfer eines
Bombenanschlags werden könnten. Entdecke darum
Psalm 91 als kraftvolles Gebet für göttlichen Schutz. In
diesem Buch wird uns der Psalm erläutert und wir lesen
davon, wie andere Christen diesen Schutz erlebt haben.

246 Seiten, gebunden mit Lesebändchen
Auch als E-Book und Hörbuch erhältlich.

ZUR HERRSCHAFT BESTIMMT

*Das Geheimnis zu mühelosem Erfolg,
Erfüllung und siegreichem Leben*

Menschen sind zu einem erfüllten und siegreichen Leben berufen. Gott hat dies möglich gemacht. Pastor Joseph Prince aus Singapur, der weltweit das Evangelium der Gnade verkündet, zeigt, wie wir Krankheiten, finanziellen Notlagen, zerbrochenen Beziehungen und zerstörerischen Gewohnheiten mit Zuversicht und Autorität entgegentreten können.

348 Seiten, gebunden mit Lesebändchen
Auch als E-Book und Hörbuch erhältlich.

UNVERDIENTE GUNST

*Dein übernatürlicher Vorteil
für ein erfolgreiches Leben*

Gott will, dass du in jedem Bereich deines Lebens erfolgreich bist. Seine Gnade bzw. unverdiente Gunst öffnet dir Türen und bringt dich voran. Dieses Buch zeigt dir, wie alle deine Begegnungen und Vorhaben gesegnet und ein voller Erfolg sein können. Es erklärt, wie du durch Gottes Liebe ein Überwinderleben führen kannst.

395 Seiten, gebunden mit Lesebändchen
Auch als E-Book erhältlich.

DIE KRAFT DES RICHTIGEN GLAUBENS

Werde frei von Angst,
Schuldgefühlen und Süchten

Was du glaubst, hat Macht! Wenn du ändern kannst, was du glaubst, kannst du dein Leben verändern; du kannst frei werden von Ängsten, Schuldgefühlen und Abhängigkeiten. Darum ist es so wichtig, das Richtige zu glauben. Sieben einfache Prinzipien helfen dabei, dies im Alltag umzusetzen.

393 Seiten, gebunden mit Lesebändchen
Auch als E-Book erhältlich.

DIE REVOLUTION DER GNADE

*Erlebe die Kraft für ein Leben
frei von Niederlage*

Eine Revolution fegt über die Erde: die Revolution der Gnade. Wer das wahre Evangelium von Jesus Christus hört und glaubt, dessen Leben wird tiefgreifend verändert. Kranke werden heil, Sünder werden frei, Menschen führen ein Leben im Sieg. Pastor Joseph Prince erläutert, wie man diese Revolution erfahren kann – auch anhand bewegender Beispiele.

423 Seiten, gebunden mit Lesebändchen
Auch als E-Book und Hörbuch erhältlich.

ZUR HERRSCHAFT BESTIMMT
365 ANDACHTEN

Tägliche Betrachtungen für mühelosen Erfolg,
Erfüllung und siegreiches Leben

Ein siegreiches Leben, das vor Segen überfließt – das hält Gott für uns bereit. Die glaubensstärkenden Andachten von Pastor Joseph Prince helfen dir, in der Gnade Gottes zu leben und darin zu wachsen. Behandelt werden praktische Themen wie Weisheit, Heilung, Versorgung und Schutz.

384 Seiten, gebunden mit Lesebändchen
Auch als E-Book erhältlich.